大家小书
篆刻　程方平

新编历史小丛书

鲧禹的传说

童书业 著

北京出版集团公司
北京人民出版社

目　　录

夏代的历史，我们在最早的文籍金文、《诗》《书》（“商周书”）里只知道有桀王暴虐，被商汤征灭的一件事。在周代人的心目中，夏初的历史已是很渺茫的了，如他们说：

相古先民有夏，天迪从子保，面稽天若，今时既坠厥命。

有夏服天命，惟有历年……惟不敬厥德，乃早坠厥命。

我受天命，丕若有夏历年。

（《召诰》）

古之人迪惟有夏，乃有室大竞，吁俊尊上帝，迪知忱恂于九德之行。乃敢告教厥后曰：“拜手稽首，后矣！”曰：“宅乃事，宅乃牧，宅乃准，兹惟后矣！”谋面用丕训德，则乃宅人，兹乃三宅无义民。桀德惟乃弗作往任，是惟暴德罔后。（《立政》）

他们只知道有夏的初年是怎样的好，后来怎样变坏，又知道有夏的国祚是很长的。除此以外，只知道一个夏桀，至于桀以前的君主是谁，实际的事迹又是怎样，周代人似乎全不知道。他们虽说到禹，但并未把他和夏发生关系。在《诗》《书》中，禹的地位是独立的，事迹是神化的；禹是禹，夏是夏，两者间毫无交涉。一直到战国以后的文籍里，我们才发现禹是夏代的第一世君主。《国语·郑语》说：

> 夏禹能单平水土，以品处庶类者也。

这是"夏禹"一名的始见（《随巢子》也说："天命夏禹于玄宫。"）。虽然在《墨子》中我们早已看出禹是夏代的王了。

鲧的名字出现较晚，直到《墨子》才见（《洪范》是《墨子》以后的书。）。他与禹本来有没有关系，很是问题，因为《墨子》说鲧是上帝的元子，被上帝所刑。上帝又曾任命过禹。但墨子是反对“杀其父而赏其子”的办法的，《鲁问》篇说：

> 鲁阳文君语子墨子曰：“楚之南有啖人之国者桥，其国之长子生，则鲜而食之，谓之宜弟。美则以遗其君，君喜则赏其父。岂不恶俗哉！”子墨子曰：“虽中国之俗，亦犹是也。杀其父而赏其子，何以异食其子而赏其父者哉？苟不用仁义，何以非夷人食其子也？”

“杀其父而赏其子”是夷道，墨子总不敢说上帝或尧、舜用夷道罢？所以我们怀疑墨子是不以鲧、禹为父子的。不过《山海经》和《天问》等记载原始神话的书里已经把鲧、禹说成父子，或许只是墨家的传说特异，或许竟是我们神经过敏，均未可知。

鲧与夏发生关系也始于《国语》和《左传》，但“夏鲧”一名则是最早出现于《吕氏春秋》的，《君守篇》说：“夏鲧作城。”自从鲧、禹与夏代发生了关系，夏代史的首页方才写得成。夏代的上面是虞代，虞代的代表者是尧、舜（尧、舜本都是虞帝，“唐”的代号是后起的，另有考证。请参看书业所著《帝尧陶唐氏名号溯原》一文。），因种种关系，鲧、禹又与尧、舜渐有了交涉。自从尧、舜、禹禅让说产生，三代以前的上古史又粲然可稽了。

为解剖鲧、禹传说的来源、本相与其演变，我们分了以下的五个题目来详细说明。

一　鲧禹的天神性传说

原始的鲧、禹究竟是人是神，我们现在已经不得而知。——这不是我们不想知道，实在是现存的材料太少，没法知道了。——但是鲧、禹在古代，确有天神性的传说，这是不容否认的事。我们且先看看保存原始神话最丰富的《山海经·海内经》说：

> 禹、鲧是始布土，均定九州。……洪水滔天，鲧窃帝之息

> 壤以堙洪水，不待帝命。帝令祝融杀鲧于羽郊。鲧复（腹）生禹，帝乃命禹卒布土以定九州。

凡《山海经》《楚辞》《淮南子》等书里单称“帝”的多指上帝。这是说鲧偷了上帝的法宝“息壤”（郭注：“息壤者，言土自长息无限。故可以塞洪水也。”），去堙塞那滔天的洪水，只因不曾得着上帝的同意，上帝就派人把他杀了。鲧死后，在他的肚里忽然生出一个禹来（郭注：“《开筮》曰：‘鲧死三岁不腐，剖之以吴刀，化为黄龙也。’”《初学记》二十二引《归藏》：“大副之吴刀，是用出禹。”可证“复”即“腹”字。），上帝就派禹去完成鲧的事业："布土以定九州。"

鲧会偷上帝的东西，死后又会生儿子；禹会受上帝的任命去布土，他们自然都是神性的人物了。我们再读《墨子》，又知道他们都是上帝的亲属。《尚贤》中篇说：

> 虽天亦不辩贫富贵贱、远迩亲疏，贤者举而尚之，不肖者抑而废之。……然则亲而不善以得其罚者谁也？曰：若昔者伯鲧，帝之元子，废帝之德庸，既乃刑之于羽之郊，乃热照无有及也，帝亦不爱。……然则天之所使能者谁也？曰：若昔者禹、稷、皋

陶是也。

原来鲧是上帝的大儿子，只因他废了上帝的功德，上帝就把他刑了，这可见上天对于亲而不善的人的处罚。禹是鲧的儿子，便是上帝的孙子，只因他比他的父亲能干，上帝便任用了他，这可见上天对于贤能的人的信用。鲧、禹既是上帝的儿孙，他们自然更不是凡人了。《洪范》也说：

鲧陻（堙）洪水，汩陈其五行，帝乃震怒，不畀洪范九畴，彝伦攸斁。鲧则殛死，禹乃嗣兴，天乃锡禹洪范九畴，彝伦攸叙。

这与《墨子》的话相互证。不过鲧的罪状自此以后变成“陻洪水，汩陈其五行”罢了。“洪范九畴”当是“九州”传说之变。

与《山海经》相互证的是《楚辞》和《淮南子》。我们先看《楚辞·天问》说：

> 鸱龟曳衔，鲧何听焉？顺欲成功，帝何刑焉？永遏在羽山，夫何三年不施？伯禹腹鲧，夫何以变化？纂就前绪，遂成考功，何续初继业，而厥谋不同？洪渊极深，何以窴之？地方九则，何以坟之？应龙何画？河海何历？鲧何所营？禹何所成？……九州

> 安错？川谷何洿？东流不溢，孰知其故？东西南北，其修孰多？南北顺椭，其衍几何？昆仑县圃，其尻安在？增城九重，其高几里？四方之门，其谁从焉？西北辟启，何气通焉？……

这是整段的鲧、禹的故事：鲧听了鸱龟的指示去治水，将要成功反被上帝所刑，在羽山的地方拘禁了三年（“遏”，止也，拘禁之意。），伯禹便从鲧的肚里变化出来。他继续鲧的功业，把极深的洪泉填平了（王注：“言洪水渊泉极深，大禹何用寘塞而平之乎？”“寘”即“填”字。），把“方九则”的地弄高了。（“填”字训

“高”。朱注：“九州之域，何以出其土而高之乎。”）又有应龙助着他治水。他放稳九州，掘成川谷，计算了东西南北的广长度数，又安置了天帝的下都昆仑山。从此宇宙便得平定。《淮南子·墬形训》说：

禹乃使太章步自东极至于西极，二亿三万三千五百里七十五步；使竖亥步自北极至于南极，二亿三万三千五百里七十五步。凡鸿水渊薮自三百仞以上二亿三万三千五百五十（里）有九（渊）（“里”“渊”二字据王念孙校删），禹乃以息土填洪水，以为名山。掘昆仑虚以下

> 地；中有增城九重，其高万一千里百一十四步二尺六寸……旁有四百四十门……旁有九井；玉横维其西北之隅；北门开以内不周之风，倾宫、旋室、县圃、凉风、樊桐在昆仑阊阖之中。

这是《天问》的具体解答：禹派个叫太章的从东极步行到西极，丈量得两面的距离共有二亿三万三千五百里七十五步；又派个叫竖亥的从北极步行到南极，丈量得两面的距离也是二亿三万三千五百里七十五步。（《海外东经》："帝命竖亥步自东极至于西极……一曰'禹令竖亥气'。"可见禹与上帝是有同等本领的人物。）

在这里共有三百仞以上的鸿水渊薮二亿三万三千五百五十九个，禹便用息土（即息壤）把洪水填平，造成了名山。又把天上的昆仑虚掘下地来，其中有九重的层城，高共一万一千里一百一十四步二尺六寸；旁边有四百四十个门，北门开着纳进不周之风。倾宫、旋室、县圃等等都在昆仑的阊阖门（“阊阖，昆仑虚门名也。”）之中。

读了上面的叙述，我们知道洪水是鲧、禹用息土填平的，九州是鲧、禹放置的，川谷名山也是他们造成的。禹又会派人丈量东西南北四极的度数，又会从天上掘下昆仑虚，这除了帝子天孙真是谁也办不到。其实他们的本领还不止此，《淮南子·天文训》又说：

> 日出于旸谷……入于虞渊之祀，睹于蒙谷之浦，行九州七舍，有五亿万七千三百九里，禹以为朝昼昏夜。

禹的本领大到能驱使太阳，制定朝昼昏夜，直是上帝的化身了。

读了《山海经》《墨子》《天问》《淮南子》等书，再回头来看金文、《诗》《书》，便懂得鲧、禹传说早期的情况了。

《齐侯钟铭》说：

> 赫赫成唐（汤），有严在帝所，敷受天命……咸有九州，处堣（禹）之堵。

这是说成汤受了天命，就享有了九州，住在禹的土地上。土地如何会是禹的呢？只因它是禹用上帝的“息壤”造成的。所以《秦公簋铭》也说：

> 不（丕）显朕皇且（祖）受天命，鼏宅禹赍，十又二公在帝之坏。

“赍”读为“迹”（详下），“禹迹”便是“禹堵”。因为土地是禹造成的，所以遍天下都是禹的迹。“帝坏”与“禹赍”为互文，禹的迹便是帝的坏，这是因为禹平水土是受的上帝的命令。“鼏宅禹赍”《秦公簋铭》作“灶有下国”，“下国”是对上天而言的。“在帝之坏”钟铭作“不豢在下”，可证“下国”便是“帝坏”，也便是“禹赍”。禹与帝的关系密切如此！

“禹迹”又见于《诗》《书》。《书·立政》说：

> 其克诘尔戎兵以陟禹之迹，方行天下，至于海表，罔有不服。

“陟禹之迹”与“鼏宅禹赍”文义相近，“方行天下，至于海表”都是禹的迹，禹迹之广可知。《左传》襄公四年也说：

芒芒禹迹，画为九州，经启九道。

“禹迹”画为九州，“九州”是当时天下的异名，这与《齐侯钟铭》“咸有九州，处堣之堵”的话又相印证了。

“禹迹”又作“禹绩”，《诗·大雅·文王有声》说：

丰水东注，维禹之绩。

《商颂·殷武》说：

天命多辟，设都于禹之绩。

《逸周书·商誓解》（这是《逸周书》中较古的一篇）也说：

> 在昔后稷，惟上帝之言克播百谷，登禹之绩。

“登禹之绩”自是“陟禹之迹”的异文，这可确证“禹绩”便是“禹迹”了。（《左传》哀公元年说少康“复禹之绩”，此“绩”字亦即“迹”字，犹言疆土也。）

据《淮南子》说名山（“名”字可训为“大”，“名山”犹言“大山”。）是禹造成的，所以《诗经》也说：

信彼南山，维禹甸之。（《小雅·信南山》）

奕奕梁山，维禹甸之。（《大雅·韩奕》）

“甸”字究为何解，现在姑且阙疑。即依旧解训“治”，“治”字所包之义也很广阔，如“为山”（《淮南子》）的“为”可以训“治”，“陈山”的“陈”也可训“治”（郑玄《周礼注》引“甸”作“敶”，“敶”即“陈”。），“奠山”（《禹贡》）的“奠”也可以训“治”。我们觉得《禹贡》“奠高山大川”一语实是神话的遗迹，请问山川怎样“奠”法？“甸”“奠”音近“甸”或即“奠”

字。无论如何，遍治四方名山一事，在禹的时代决计不是人力所能的！

据《山海经》《淮南子》等书说洪水是禹奉了上帝的命用息土填平的，所以《诗经》也说：

洪水芒芒，禹敷下土方。（《商颂·长发》）

在“洪水芒芒”的当儿，禹从天上降下地来敷土。“敷”训焉“布”，《海内经》说“洪水滔天，帝乃命禹卒布土”可证。土地原来是禹布成的。《楚辞·天问》也说：

禹之力献功，降省下土四方。

“降省下土四方”一语就是“敷下土方”的训诂，可见禹是从上降下来的。所谓禹献功乃是说他向天献功。《禹贡》说：“禹锡玄圭，告厥成功。”据《帝王世纪》和《宋书·符瑞志》，禹的玄圭是上天所赐；禹告成功，也是向天告功，与尧、舜无关。《书·吕刑》又说：

> 皇帝清问下民……乃命三后，恤功于民……禹平水土，主名山川。

这里的“皇帝”即是上帝，《师询簋铭》“肆皇帝亡斁，临保我氒周雩四方”，可为明证。禹是上帝所命“恤民”的三后之一，禹平水土是受的上帝的命，并不是受的尧、舜的命。——这确是一件很显明的事实！

在古代的传说里，神与兽往往是不分的，鲧、禹既有天神性的传说，所以他们也有变兽的故事。如《楚辞·天问》说：

> 化为黄熊，巫何活焉？咸播秬黍，莆雚是营，何由并投而鲧疾修盈？

在这里有“鲧疾修盈，化为黄熊”的故事。《楚辞·天问》的话不容易懂，我们应参看《国语》和《左传》。《国语·晋语八》说：

昔者鲧违帝命，殛之于羽山，化为黄熊以入于羽渊。

《左传》昭公七年也说：

昔尧殛鲧于羽山，其神化为黄熊以入于羽渊。

它们说鲧被殛后，他的神灵变成一头黄熊跳入了羽渊。（“熊”一作“能”。能，三足鳖也。）《山海经注》引《开筮》又说鲧化为黄龙，这都是古代的白蛇传式的故事。因为鲧会变熊，所以他的儿子禹也会变熊。《绎史》卷十二引《随巢子》说：

> 禹娶涂山，治鸿水，通轘辕山，化为熊。

鲧治洪水不成而变熊，禹也因治洪水而变熊。我们知道人是不会变化的，除非是神！又《吕氏春秋·行论》说：

> 尧以天下让舜，鲧为诸侯，怒于尧曰："得天之道者为帝，得地之道者为三公，今我得地之道，而不以我为三公。"以尧为失论。欲得三公，怒甚猛兽，欲以为乱；比兽之角能以为城，举其尾能以为旌；召之不来，仿佯于野，以患帝，舜于是殛之于羽

山，副之以吴刀。

鲧想得三公的位子成了失心疯，疯得比一头猛兽还凶。他能“比兽之角以为城”（案：此殆即“夏鲧作城”等传说所从出），“举其尾以为旌”，真像一个兽的头领。舜因为他如兽一般“仿佯于野”，足以为患，便把他殛死，并用吴刀把他的身体剖开。我们读《山海经注》知道鲧被吴刀所剖之后便化为一条黄龙，请问这些不是神话是什么？

二　禹的神职

鲧、禹既都是天神（或许是人变成的），那么他们的神职也不能不讨论。关于鲧的神职，因为没有材料，只好暂时阙疑。至于禹，我们知道他是主领名山川的社神。《书·吕刑》说：

禹平水土，主名山川。

“名山川”是一词，《淮南子·墬形训》“禹乃以息土填洪水，以为名山”；《庄子·天下》“昔者禹之湮洪水……名川（原作“山”，从俞樾校改。）三百”可以为证（此外证据尚多，姑不备举。）。“主”是主领的意思。《国语·鲁语下》说：

> 昔禹致群神于会稽之山，防风氏后至，禹杀而戮之，其骨节专车。

禹是名山川的主神，所以能够“致群神”，好像天子能召会诸侯一般，所以又有“禹合诸侯于涂山，执玉帛者万国”（《左传》哀七年）的传说。涂山即是会稽山。（《说文》：“嵞，会稽山也。”“嵞”即“涂”

字。）《韩非子》更明说：“禹朝诸侯之君会稽之上，防风之君后至而禹斩之。”（《饰邪》）这都是神话的人化。但是所谓“群神”究竟是些什么神呢？《国语·鲁语下》说明道：

山川之灵，足以纪纲天下者，其守为神。

韦注：“山川之守主，为山川设者也。足以纪纲天下，谓名山大川，能兴云致雨，以利天下也。”可见这些神都是名山川的神了。禹是名山川之神的首领，这就是所谓“主名山川”。

说到这里，一定有人反驳道：“《鲁语》所谓‘神’实在是人，这些

'神'和那为社稷之守的公侯一般，其名为'神'，并不是真正的天神啊！"不知道这正是经过粉饰的观念：战国人理智发达，他们最喜欢把原有的神话用人情去解释，例如夔兽一只脚，他们会解做"夔（人名）一个就够了"（《吕氏春秋》）。天神黄帝一个脖子上长着四张脸，他们会解做"黄帝（人王）派四人分治四方"（《尸子》）。所以"禹致群神"他们也就解做"禹合诸侯"了。但是我们要请问的是：世界上真有"骨节专车"的人类吗？《礼记·祭法》说："山林川谷丘陵能出云，为风雨，见怪物，皆曰神。"如防风氏之类正是所谓"怪物"。何况禹为名山川群神之主，我们还有《墨子》等书可作旁证。《墨子·明鬼下》说：

《商书》曰："呜呼！古者有夏方未有祸之时，百兽贞虫，允及飞鸟，莫不比方，矧佳人面，胡敢异心。山川鬼神亦莫敢不宁，若能共允，佳天下之合，下土之葆"。察山川鬼神之所以莫敢不宁者，以佐谋禹也。

山川鬼神都是禹的佐谋，禹不是山川鬼神之主又是什么呢？——人话里面又保存了一些神话的遗迹。《大戴礼记·五帝德》说：

禹……为神主……左准绳，

右规矩，履四时，据四海，平九州，戴九天。

这不是活画出一幅禹的神像吗？禹为神主，即是禹为名山川神之主，《史记·夏本纪》说：

禹……为山川神主。

可作明证。这些都是汉人书里所保存禹的神话的遗迹。虽然他们之所谓“主”乃是祭主的主，如《诗经》所谓“百神尔主矣”（《大雅·卷阿》）的“主”。但是我们抽绎先秦其他的书，知道这“主”字原有领主的意义，如《左传》桓公六年，申繻曰：“名有五……以山川则废主。”这个“主”字便是山川之神了。《史记·封禅书》称始皇行礼祠名山大川及八神，八神为“天主”“地主”等，并可证“主”字之义。

“名山川群神之主”，这是一个什么职务呢？我们以为这便是社神。社或称“主”，《说文》：“社，地主也。”（注意这“地主”二字）《论语》“哀公问社于宰我”，《鲁论》“社”作“主”，郑玄云：“主，田主，谓社主。”因为山川都是附属于土地上的，而社神即是土神，所以为山川神之主。卜辞中有祭土的记载，据考证，“土”即是“社”。《诗·大雅·绵》篇“乃立冢土”，《毛传》：

“冢土，大社也。”《逸周书·世俘解》“用小牲羊犬豕于百神、水土，于誓社”，并可证百神与水土社的关系。而且禹为社神在古书上是有明证的，《淮南子·泛论训》说：

禹劳（力）天下而死为社，后稷作稼穑而死为稷。

《史记·封禅书》也说：

自禹兴而修社祀，后稷稼穑故有稷祠。

因为“社稷”连称，所以“禹稷”也连称了。

其实禹为社神就是在后人公认为先秦的书上也有明证的。《国语·鲁语上》说：

> 昔烈（《礼记·祭法》“烈”作“厉”）山氏之有天下也，其子曰柱（《祭法》“柱”作“农”），能殖百谷百蔬；夏之兴（《祭法》“兴”作“衰”）也，周弃继之，故祀以为稷。共工氏之伯九有（“九有”及下“九土”《祭法》均作“九州”）也，其子曰后土，能平九土，故祀以为社。

《左传》昭公二十九年也说：

> 土正曰后土。……共工氏有子曰向龙，为后土……后土为社。稷，田正也。有烈山氏之子曰柱，为稷，自夏以上祀之；周弃亦为稷，自商以来祀之。（案，周弃之名是后起的，原名只有“稷”字。另有考证。）

这两段话拿《淮南子》和《史记》来对照，知道后土句“龙”即是“禹”。禹字古或从“土”，齐侯钟铭“禹”作“⿰土九”。“后土”犹言“后稷”，本是职名。“句龙”即是“禹”字形义的引申。“禹”是有足的虫类，据近人考证，确是龙螭之属。“句龙”的“句”字又与“禹”字的一部相似。则句龙即禹自很可能。《楚辞·天问》："焉有虬龙负熊以游？"鲧"化为黄熊"，又有"腹生禹"的故事，"腹""负"音近，则"虬龙"也颇有是禹的可能。"虬龙"和"句龙"或是一音之变。又《开筮》说鲧"化为黄龙"，禹是鲧子，自然也会变龙了。《左传》文公十八年称："舜臣尧，举八恺，使主后土，以揆百事，莫不时序，地平天成。""八恺"，据杜预等说，有禹在内，是禹曾主后土。又《尧典》说舜命禹"宅百揆"，也与《左传》"以揆百事"相证。又《海内经》说"禹、鲧是始布土，均定九州"，可见禹、鲧就是开始平水土的人，在他们以前，哪里再有什么"能平九土"的后土句龙呢？

后土句龙即禹，烈山氏之子柱也即是稷的化身。烈山氏后人说为姜姓（《国语》韦注：“烈山氏，炎帝之号也。”炎帝姜姓。），而后稷为姜嫄所生。《汉书·律历志》载张寿王言：“郦山女亦为天子，在殷、周间。”“郦山”与“烈山”一音之变。《国语·周语下》载太子晋言“自后稷之始基靖民，十五王而文始平之”，《史记》所列周的世系从后稷到文王也只有十五代，较之殷自成汤到纣共有二十九世还要短上一半，则姜嫄当殷、周之间自亦可能。《史记·秦本纪》：“申侯乃言孝王曰：‘昔我先郦山之女，为戎胥轩妻，生中潏，以亲故归周。’”郦山女为申侯之先，申为姜姓之国，她的后裔又与周有亲，这不是那“其德不回”的“赫赫姜嫄”又是谁呢？柱与稷名也音近（“柱”名或由“田主”之“主”来，“田主”与“后土”正相对。），又同“能殖百谷百蔬”，同为稷神，自更有一人分化的可能了。（“柱”《祭法》作“农”，神农也为姜姓，或许神农与柱、稷均是一人传说的分化，所以都为始作稼穑者。又《管子·形势解》《淮南子·原道训》等都以禹与神农并举，与禹、稷并举一般。）

不但后土句龙就是禹，柱就是稷，烈山氏就是姜嫄，连共工氏也就是鲧。“共工”二字是“鲧”字的缓声，“鲧”字是“共工”二字的急音。共工氏“伯九有”，鲧“始均定九州”（《海内经》），为“有崇伯”。（《国语·周语下》）共工氏有子后土句龙“能平九土”（州），为社神；鲧也有子禹能“平水土”（《吕刑》），“定九州”（《海内经》），为社神。天下有这样奇巧的事吗？再看：《周语》说鲧与共工的罪状一样（“有崇伯鲧称遂共工之过”），共工“壅防百川，堕高堙庳”（《国语·周语下》，下同），鲧也是“陻障洪水”（《海内经》《洪范》《国语·鲁语》等）；共工“皇天弗福”，鲧也是“帝乃震怒，不畀洪范九畴”（《洪范》，下同）；共工“庶民弗助，祸乱并兴”，鲧也是

“彝伦攸斁”；共工“用灭”，鲧也是“殛死”，两人的事迹又相同到如此！又《墨子》说鲧“废帝之德庸”，《尧典》说共工“静言庸违”（《左传》作“靖谮庸回”），二语略近。《墨子》说鲧被刑的地方“乃热照无有及也”，《庄子》等书说共工被流在幽都（《孟子》《尧典》等书作“幽州”，“州”“都”一音之转。），《楚辞·招魂》，“魂兮归来，君无下此幽都些”，王注：“幽都，地下……地下幽冥，故称幽都。”两人被罚的地方也相似。又《淮南子》说共工“潜于渊，宗族残灭”（《原道训》），《国语》和《左传》也说鲧“入于羽渊”，《尧典》也说鲧“方命圮族”，二人的事更极相似。再《韩非子·外储说》右上篇记尧欲传天下于舜，鲧和共工都因进谏不听而被诛，两人的谏语完全相同，可证是一个传说的分化。案：《吕氏春秋·恃君览·行论》记鲧怒尧传天下于舜一事，当是这个传说的本始，所以《楚辞·离骚》说“鲧婞直以亡身兮”，《九章》也说“婞直而不豫兮，鲧功用而不就”，可见“婞直不豫”原是鲧的恶德。但《逸周书·史记解》又记“昔有共工自贤……唐氏伐之，共工以亡”，共工“自贤”与鲧“自以为得地之道，可为三公”正同。此外，还有一事：《左传》《国语》记晋平公梦见黄熊入于寝门而有病，请问子产，子产说是鲧作祟，祭鲧而愈。《路史·后纪二》注引《汲冢琐语》同记此事，惟“黄熊”作“朱熊”，“鲧”作“共工之卿浮游”，祭共工而痊。这也足证鲧与共工的关系。其他共工即鲧的证据还多，这里不能详举，我们将另有“鲧与共工”一文论之。（即如《史记·楚世家》言，“重黎为帝喾高辛居火正……帝喾命曰‘祝融’。共工氏作乱，帝喾使重黎诛之而不尽”，亦即《海内经》“帝令祝融杀鲧”及《天问》鲧死复活——诛之不尽——等传说之变。）

在古代还有一种奇异的传说，便是禹为一个耕稼的国王。《诗·鲁颂·閟宫》说：

赫赫姜嫄……是生后稷；降

之百福，黍稷重穋，植稚菽麦；奄有下国，俾民稼穑；有稷有黍，有稻有秬，奄有下土，缵禹之绪。

后稷“俾民稼穑”，“奄有下土”，而是缵禹之绪的，可见禹也是一个“俾民稼穑”的国王，所以《楚辞·天问》说：

何后益作革而禹播降？

王注：“播，种也；降，下也。”案：《吕刑》“稷降播种”，可见禹、稷是同功的。《论语》也说：禹、稷躬稼而有天下（《论语·宪问》）。

“躬稼”便是“俾民稼穑”，“有天下”便是“奄有下土”，这可见后稷“缵禹之绪”之实了。《论语·泰伯》又说，禹“卑宫室而尽力乎沟洫”，并足见禹有“躬稼”的事。又《尚书·虞书·益稷》说禹“暨稷播，奏庶艰食鲜食”，也是这种传说的孑遗。

禹既是社神，怎么又去侵犯稷神的职务呢？要明白这个，须先知道水土百谷原是相因的物事。《诗·小雅·甫田》道：

> 以我齐明，与我牺羊，以社以方，我田既臧，农夫之庆。

郑笺：“以絜齐丰盛，与我纯色之羊，

秋祭社与四方，为五谷成熟，报其功也。”是祭社为报成谷之功。《诗·大雅·云汉》道：

祈年孔夙，方社不莫。

郑笺：“我祈丰年甚早，祭四方与社又不晚……我何由当遭此灾也！”是祈年与祭方社并举。考周官大司徒之职：“设其社稷之壝而树之田主。”郑注：“田主，田神，后土田正之所依也。诗人谓之‘田祖’。”（案：《诗·大雅·甫田》：“琴瑟击鼓，以御田祖。”大田：“田祖有神。”）是社与稷共一田神之主。郑玄《论语注》也说：“主，田主，谓社主。”可见“田主”就是“社主”。《国语·鲁语上》也说：“土发而社，助时也。”韦注：“土发，春分也；《国语·周语》曰：‘土乃脉发。’社者，助时祈福为农始也。”祭社为助农时，又可见社神与农事的关系。汉武帝为了河水泛溢去祭后土，祭过之后，有鼎出于后土祠旁，武帝曾对群臣说：

> 间者河溢，岁數不登，故巡祭后土，祈为百姓育谷。（《史记·封禅书》，《孝武本纪》文同。）

后土能为“百姓育谷”，所以社神就也有“俾民稼穑”的传说了。

三　鲧禹治水传说的本相与其演变

明白了鲧、禹都有从天神变成伟人的可能，便能知道他们治水传说的本相了。从前的人都以为鲧、禹父子是失败和成功的两个不同的人物，他俩结果的不同是由于他俩方法的不同：鲧用堙的方法去治水以致失败，禹改用疏的方法使得到了成功。这种观念笼罩了二千年来的人心，大家都认为无问题的事实了。但是据我们的探究，则颇有和这种观念相反的说法。说来话长，请读下文：

《诗经》和《周书》里提到禹，只说他“甸山”“敷土”“平水土”，而不曾明白地说出山是怎样的“甸”法，土是怎样的“敷”法，水土又是怎样的“平”法。但我们看《山海经》和《楚辞·天问》《淮南子》等书，便知道禹所用的治水的方法和鲧一样，满是“堙”和“填”——这种方法原不是凡人所能行的。《海内经》说：

> 禹、鲧是始布土，均定九州。……洪水滔天，鲧窃帝之息壤以堙洪水，不待帝命，帝令祝融杀鲧于羽郊。鲧复（腹）生

禹，帝乃命禹卒布土以定九州。

“堙”字训“塞”。鲧治洪水的方法是用息壤去堙塞，这便是所谓“布土”（“敷土”）。鲧开始布土，禹完成鲧的功，从此九州就安定了。在这里，鲧所以失败的原因乃是“不待帝命”，而并不是“堙洪水”。《大荒北经》说：

共工臣名曰相繇（《海外北经》作“相柳”），九首蛇身自环，食于九土（《海外北经》作“九山”）。其所歍所尼，即为原泽（《海外北经》作“泽溪”），不辛乃苦，百兽莫能处。禹堙洪水，杀相繇，其血腥臭，不可生谷。其地多水，不可居也。禹堙之（《海外北经》作“禹厥之”，郭注：“掘塞之。”），三仞三沮（郭注：“言禹以土塞之之地陷坏也。”），乃以为池。群帝是因以为台。（《海外北经》文略同）

共工的臣相繇是个长着九个脑袋、蛇的身体的怪物，无论什么地方给他一喷（郭注：“歕，呕，犹喷咤。”）一碰，便成了水泽。禹堙塞了洪水，杀死相繇，他的血流到的地方腥臭得长不出谷来，他所在的地方也是多水不能居人，禹便掘塞了这块地，造成了一个池。群帝（上帝）就在这所在筑起台来，以镇压妖魔。在这里明白地说出“禹堙洪水”，可见“堙”原是治洪水的正当方法。《楚辞·天问》也说：

> 不任汩鸿，师何以尚之？佥曰“何忧”，何不课而行之？鸱龟曳衔，鲧何听焉？顺欲成功，帝何刑焉？……伯禹腹鲧，夫何以变化？纂就前绪，遂成考功；何续初继业，而厥谋不同？洪渊极深，何以窴之？地方九则，何以坟之？……鲧何所营？禹何所成？

"汩"字训"没"，与"湮"同意（"湮"即"堙"，塞没之意。）。鲧的才不胜汩洪水的任，却偏要去汩，所以没有好结果。他的儿子伯禹比他有才，能填平洪水，坟高土地（这便是所谓"平水土"），便成就了鲧的功绩。《楚辞·天问》的作者问："禹既是续初继业，为什么又说他父子俩厥谋不同呢？"这是《楚辞·天问》作者对于矛盾的传说的怀疑。但他是相信前一说（旧说）的，所以又说："鲧何所营？禹何所成？"可见禹不过是成鲧所营的功而已。《淮南子·墬形训》说：

禹乃以息土填洪水，以为名山。

禹用息土填塞洪水，遂造成了名山，这便是所谓“敷土”“平水土”和“甸山”。

“禹堙洪水”之说，岂特记载神话之书《山海经》等言之邪？虽儒家六艺经传之文即亦犹是也。《汉书·沟洫志》引《夏书》：

禹堙洪水十三年。（《史记·河渠书》“堙”作“抑”，《索隐》：“抑者，遏也。……堙、抑皆塞也。”）

《国语·鲁语上》：

鲧障洪水而殛死（“障洪

水”即“陻洪水”之变），禹能以德修鲧之功……故……夏后氏……郊鲧而宗禹。

《孟子·滕文公》：

昔者禹抑鸿水而天下平。

《荀子·成相》：

禹有功，抑下鸿，辟除民害逐共工。

鲧堙洪水，禹修鲧之功，亦堙洪水，所以夏后氏要郊鲧而宗禹了。——于此可证鲧、禹父子的同道。

“禹堙洪水”之说，岂特儒家之书言之，虽墨家之说即亦犹是也。《庄子·天下》记墨子称道曰：

昔者禹之湮洪水，决江、河而通四夷九州也。

案：儒墨两家都称道禹疏水之说，特于无意中留下“湮”之旧迹。察二家之原意，或是以为洪水非“堙”“抑”不可，但江、河又必须“疏”之耳。（《史记·司马相如列传》：“昔者鸿水浡出……夏后氏戚之，乃湮鸿水，决江疏河……而天下永宁。”“堙”“疏”并举，与儒墨等说同。）——其实疏江、河即堙鸿（洪）

水传说之演进也。

“堙洪水”的方法岂特鲧、禹用之，虽女娲即亦犹是也。《淮南子·览冥训》：

> 往古之时，四极废，九州裂。天不兼覆，地不周载。火爁炎而不灭，水浩洋而不息。猛兽食颛民，鸷鸟攫老弱。于是女娲炼五色石以补苍天，断鳌足以立四极，杀黑龙以济冀州，积芦灰以止淫水。苍天补，四极正，淫水涸，冀州平，狡虫死，颛民生，背方州，抱圆天。

女娲的“积芦灰以止淫水”，也

即是鲧、禹父子的“以息土填洪水”的方法。

禹疏水之说开始盛倡于《墨子·兼爱中》说：

> 古者禹治天下，西为西河渔窦，以泄渠孙皇之水；北为防原泒，注后之邸，滹池之窦，洒为底柱，凿为龙门，以利燕、代、胡、貉与西河之民。东方漏之陆，防孟诸之泽，洒为九浍，以楗东土之水，以利冀州（齐州）之民。南为江、汉、淮、汝，东流之注五湖之处，以利荆楚、干越与南夷之民。

这里所谓“泄”“注”“洒”“凿”“漏”“流”等等都是“疏”的方法。禹的治水方法既变，于是鲧的治水方法也就不得不变了。《国语·周语下》记：

灵王二十二年，谷、洛斗，将毁王宫，王欲壅之。太子晋谏曰：“不可！晋闻古之长民者，不隳山，不崇薮，不防川，不窦泽。……昔共工弃此道也，虞于湛乐，淫失其身，欲壅防百川，隳高湮庳，以害天下，皇天弗福，庶民弗助，祸乱并兴，共工用灭。其在有虞，有崇伯鲧播其淫心，称遂共工之过，尧用殛之于羽山。其后伯禹念前之非度，厘改制量，象物天地，比类百则，仪之于民而度之于群生。共之从孙四岳佐之，高高下下，疏川导滞，钟水丰物，封崇九山，决汩九川，陂障九泽，丰殖九谷，汩越九原，宅居九隩，合通四海。故天无伏阴，地无散阳，水无沈气，火无灾燀，神无闲行，民无淫心，时无逆数，物无害生。帅象禹之功，度之于轨仪，莫非嘉绩，克厌帝心。皇天嘉之，祚以天下，赐姓曰'姒'、氏曰'有夏'，谓其能以嘉祉殷富生物也。祚四岳国，命为侯伯。赐姓曰'姜气'、氏曰‘有吕’，谓其能为禹股肱心膂，以养物丰民人也。”

从此以后，鲧治水的方法便渐渐由“堙”而改成了“防”。鲧防洪水而失败，禹疏洪水而成功，便又成了不移的史实了。

我们追原鲧、禹治水传说的所以改变，实由于战国的时势。在战国的时候，交通四辟，水利大兴，人们为防止水患，就盛行了筑堤的办法；为利便交通，振兴农业，又盛行了疏水灌溉的办法。但是筑堤的害处多而利益少，疏水灌溉则是有利而无弊的事，所以防洪水的典故便渐归了上帝所殛的万恶的鲧，而疏洪水的典故就归了天所兴的万能的禹了。我们且看看西汉贾让的奏疏：

> 古者……大川无防，小川得入，陂障卑下，以为污泽。……盖堤防之作，近起战国，雍防百川，各以自利。齐与赵、魏以河为竟，赵、魏濒山，齐地卑下，作堤去河二十五里。河水东抵齐堤，则西泛赵、魏；赵、魏亦为堤去河二十五里。虽非其正，水尚有所游荡，时至而去，则填淤肥美，民耕田之。或久无害，稍筑室宅，遂成聚落。大水时至漂没，则更起堤防以自救；稍去其城郭，排水泽而居之，湛溺自其宜也。……（《汉书·沟洫志》）

“堤防之作近起战国”，这话虽未必完全可靠，但是战国以前即有堤防之制也必不盛，因为在战国以前的书上不大看见有筑堤的事。战国的君主“壅防百川，各以自利”，“以邻国为壑”（《孟子·告子》），春秋时的齐桓公的盟誓里也有了“毋壅泉”（《穀梁传》等书）的口号，太古时的共工和鲧都成了“壅泉”的罪魁了。《汉书·沟洫志》又说：

自是之后（指三代之后），荥阳下引河东南为鸿沟，以通宋、郑、陈、蔡、曹、卫，与济、汝、淮、泗会。于楚，西方则通渠汉川、云梦之际；东方则通沟江、淮之间。于吴，则通渠三江、五湖。于齐，则通淄、济之间。于蜀，则蜀守李冰凿离堆，避沫水之害，穿二江成都中。此渠皆可行舟，有余则用溉，百姓飨其利。至于它，往往行其水，用溉田，沟渠甚多，然莫足数也。……史起为邺令，遂引漳水溉邺，以富魏之河内。……其后韩闻秦之好兴事，欲罢之，无令东伐，乃使水工郑国间说秦，令凿泾水，自中山西邸瓠口为渠，并北山，东注洛，三百余里，欲以溉田。……渠成而用溉，注填阏之水，溉舄卤之地四万余顷，收皆亩一种；于是

关中为沃野，无凶年。（《史记·河渠书》文略同）

可见战国确也是个“疏川导滞，合通四海”的时代。禹疏水之说即是这个时代潮流的护符啊！

鲧、禹治水传说演变的原因既略探明，以下再略叙演变后的治水传说。

《庄子·天下》记墨子称道曰：

昔者禹之湮洪水，决江、河，而通四夷九州也，名山三百，支川三千，小者无数。禹亲自操橐耜而九（鸠）杂天下之川，腓无胈，胫无毛，沐甚雨，栉疾风，置万国。禹，大圣也，而形劳天下也如此！

禹的神力已被“托古改制”家忘记，他们只记得禹的伟大的功绩（“微禹，吾其鱼乎”），于是就把禹忙得“腓无胈，胫无毛”了。

《孟子·滕文公》说：

当尧之时，水逆行，泛滥于中国，蛇龙居之，民无所定，下者为巢，上者为营窟。书曰：“洚水警余。”洚水者，洪水也。使禹治之，禹掘地而注之海，驱蛇龙而放之菹，水由地中行，江、淮、河、汉是也。险阻既远，鸟兽之害人者消，然后人得平土而居之。

又说：

当尧之时，天下犹未平，洪水横流，泛滥于天下，草木畅茂，禽兽繁殖，五谷不登，禽兽逼人，兽蹄鸟迹之道交于中国。尧独忧之，举舜而敷治焉。舜使益掌火，益烈山泽而焚之，禽兽逃匿。禹疏九河，瀹济、漯而注诸海；决汝、汉，排淮、泗而注之江，然后中国可得而食也。

孟子是东方人，所以他的眼光里的禹功首先是疏九河，瀹济、漯，至于汝、汉、淮、泗，他便弄不甚明白了，他以为这些水都是入江的，其实除汉以外并不如此。但是这个错误并不能怪他，我们看倒要怪吴王夫差和战国的君主。吴王夫差“城邗，沟通江、淮”（《左传》哀九年），战国的君主“为鸿沟，以通宋、郑、陈、蔡、曹、卫，与济、汝、淮、泗会。于楚，西方则通渠汉水、云梦之际，东方则通沟江、淮之间”。经他们这样一弄，于是通古而不知今的孟子就误认这些都是禹功，而把地理讲错了。

《荀子·成相》说：

> 禹有功，抑下鸿，辟除民害逐共工。北决九河，通十二渚

> （十二州？），疏三江。禹敷土，平天下，躬亲为民行劳苦；得益、皋陶、横革、直成为辅。

《周语》说四岳佐禹治水，这里又说禹“得益、皋陶、横革、直成为辅”，或许这四人就是所谓“四岳”？（近人章太炎先生以为皋陶即许由，明陈霆以为许由即四岳。）但《周语》以四岳为共工的从孙，这里却说“禹逐共工”，禹能上及共工（许多共工其实只是一个），下及四岳，还不算奇；四岳竟做了逐他们从祖的仇人的辅佐了。

《韩非子·五蠹》说：

> 中古之世，天下大水，而

鲧、禹决渎。

因为“疏决”在战国时被认为治水的正当方法，所以“堙障洪水”的鲧也居然会有“决渎”之功。晚出的《国语·吴语》也说：

今王既变鲧、禹之功，而高高下下，以罢民于姑苏。

可怜吴王夫差不过筑了一所台，他竟代鲧而受“罢民”之过了。

《吕氏春秋》中载禹治水的传说最多，略录重要的两则如下：

昔上古龙门未开，吕梁未发，

河出孟门，大溢逆流，无有丘陵沃衍平原高阜，尽皆灭之，名曰“鸿水”。禹于是疏河决江，为彭蠡之障，干东土，所活者千八百国。（《开春论·爱类》）

在这段文字里，可注意的是鸿水之来是由于龙门、吕梁未曾开发，所以河水“大溢逆流”，成了洪水。——这是神话的人话解释。

禹东至榑木之地，日出九津、青羌之野，攒树之所，捪天之山，鸟谷、青丘之乡，黑齿之国。南至交阯、孙朴、续樠之国，丹粟、漆树、沸水、漂漂、九阳之山，羽人、裸民之处，不死之乡。西至三危之国，巫山之下，饮露、吸气之民，积金之山，其（奇）肱、一臂、三面之乡。北至人正之国，夏海之穷，衡山之上，犬戎之国，夸父之野，禺强之所，积水、积石之山。不有懈堕，忧其黔首，颜色黧黑，窍藏不通，步不相过，以求贤人，欲尽地利，至劳也。得陶、化益、真窥、横革、之交五人佐禹，故功绩铭乎金石，著于盘盂。（《慎行论·求人》）

在这段文字里，可注意的是《山海经》里的地点几乎都变成禹治水足迹所至的区域。这是后来禹作《山海经》的传说所由来。（《审分览·知度》也说："禹曰：'若何而治青北（丘），化九阳奇怪之所际。'"）又禹佐四人到这里又添了一人，故事的内容更丰富了。至于"功绩铭乎金石，著于盘盂"等话，恐是当时的彝器上刻有禹治水的神话的证据。

《淮南子》里禹治水的传说也极多，现在也录重要的两则：

> 舜之时，共工振滔洪水，以薄空桑。龙门未开，吕梁未发，江、淮通流，四海溟涬，民皆上丘陵，赴树木。舜乃使禹疏三江、五湖，辟伊阙，导廛、涧，

平通沟陆，流注东海。鸿水漏，九州干，万民皆宁其性。（《本经训》）

在这段文字里，可注意的是洪水的来原乃由于共工的“振滔”。共工的罪名更重了。又江、淮通流原来是鸿水发作时的情形，并不是禹把它们沟通的。

古者沟防不修，水为民害。禹凿龙门，辟伊阙，平治水土，使民得陆处。（《人间训》）

这又说洪水之来是由于“古者沟防不修”，故事更人话化了。（《齐俗训》又说："禹之时，天下大雨，禹令民聚土积薪，择丘陵而处之。"这又把洪水的由来推到"大雨"的头上去了。）

《春秋繁露》里也记着一则禹遭水灾的奇说，它道：

> 禹水汤旱，非常经也，适遭世气之变而阴阳失平。尧视民如子，民亲尧如父母。《尚书》曰："二十有八载，放勋乃殂落，百姓如丧考妣，四海之内阏密八音三年。"三年阳气厌于阴，阴气大兴，此禹所以有水名也。（《暖燠常多篇》）

董仲舒以为有如舜、禹的圣王在上，天本不该降水灾的。只因尧死后，全天下的百姓都为他服丧三年，丧是阴事，丧事过盛，就弄得阴气大兴，压了阳气，阴气兴盛的表现，就造成了禹时的水灾。阴阳五行家的见解高明如此！

今本的《尧典》和《皋陶谟》乃是西汉初年的作品，里面详载着鲧、禹治水的始末。《尧典》说：

> 帝曰："畴咨若予采？"驩兜曰："都，共工方鸠僝功。"帝曰："吁，静言庸违，象恭滔天。"

帝尧向臣下询问管理工程的人，

有个叫驩兜的举了共工，说他正在办理工程的事务。尧很不以共工为然。结果他果然造成了洪水之灾。于是尧又向四岳询问：

“咨，四岳！汤汤洪水方割，荡荡怀山襄陵，浩浩滔天，下民其咨，有能俾乂？”佥曰：“于，鲧哉！”帝曰：“吁咈哉！方命圮族。”岳曰：“异哉！试可乃已。”帝曰：“往，钦哉！”九载，绩用弗成。

尧忧愁那“怀山襄陵”甚至“滔天”的洪水，需要平治水土的人。四岳公举了鲧，尧又不赞同。四岳请试用一遭，尧就派鲧去治洪水，一治治了九年，丝毫没有成绩。（《楚辞·天问》：“不任汩鸿，师何以尚之？佥曰何忧，何不课而行之？”是神话里杂着的人话，为《尧典》所本。）于是到舜摄了位，便流共工于幽州，放驩兜于崇山，窜三苗于三危，殛鲧于羽山，四罪而天下咸服。

到了尧崩，舜即真位时，又向四岳询问能“宅百揆”的人，四岳答道：

> “伯禹作司空。”帝曰：“俞，咨！禹，汝平水土，惟时懋哉！”禹拜稽首，让于稷、契暨皋陶。帝曰：“俞，汝往哉！”

四岳又公举作司空的伯禹去宅百揆，舜以为然，就任命了。

在《尧典》里，禹平水土的功绩记得还简单，这有《皋陶谟》的记载可作补充：

> 禹曰："洪水滔天，浩浩怀山襄陵，下民昏垫。予乘四载，随山刊木，暨益奏庶鲜食。予决九川，距四海，浚畎浍，距川。暨稷播，奏庶艰食鲜食。懋迁有无化居，烝民乃粒，万邦作乂。"

禹在洪水滔天的当儿，坐着四载（伪《孔传》："水乘舟，陆乘车，泥乘楯，山乘樏。"），随山刊木，疏决九川通到四海，疏浚畎浍通到大川，同着益、稷筹画民食，振兴商业，达到了“烝民乃粒，万邦作乂”的目的。

《尧典》和《皋陶谟》出世最晚，它们整齐了旧有的各种传说，使它简洁化，合理化。从此以后，禹、鲧的神话的痕迹便几乎完全湮没了。但在这两篇书前，还有一篇《禹贡》，集禹治水传说的大成，尤为《尧典》《皋陶谟》的先驱。

《禹贡》的记载大略是这样的：禹分治九州的水，制定九州的贡赋，从冀州起，经过兖、青、徐、扬、荆、豫、梁七州，到雍州止，把田赋制为九等。分州定赋之际，导山，分为三条：北条从岍、岐起至碣石止，中条从西倾、朱圉、鸟鼠起至陪尾止，南条从嶓冢起至敷浅原止。导水，大略分为：（一）弱水，（二）黑水，（三）阿水，（四）漾水，（五）江水，（六）沇水，（七）淮水，（八）渭水，（九）雒水。导山导水之功既竟，于是“九州攸同，四隩既宅，九山刊旅，九川涤源，九泽既陂，四海会同，六府孔修，庶土交正，成赋中邦”。禹于治水定贡之后，又锡土姓，作五服，终于“东渐于海，西被于流沙，朔南暨，声教讫于四海”，大告成功。

我们知道分州的传说起源甚早，金文及《山海经》等书里已见了。制贡的传说似是来自《孟子》的“夏后氏五十而贡”（《滕文公·上》）一句话。九等田赋制或出于《洪范》所谓“九畴”（“畴”字训“等”）。“导山”乃是“甸山”之变。（这实在仍是一种神话，“导山”两字很是不辞。）导水的传说自《墨子》以后也已有了。“九州攸同”以下诸语来自《周语》等书。“六府”来自《左传》的“水、火、金、木、土、谷，谓之六府”（文公七年）等话。“锡土姓”的话来自“禹置万国”（见《庄子》等书）等传说。只有禹作五服之说或是《禹贡》作者的特创（五服之名则来自《周书》《周语》等书）。后来的《虞书·益稷》也说：

予（禹）……惟荒度土功。

弼成五服，至于五千。州十有二师，外薄四海，咸建五长，各迪有功。

它说禹的五服四方相距有五千里之大（从普通说），正与禹贡：五百里甸服。……五百里侯服。……五百里绥服。……五百里要服。……五百里荒服”之数略等。至于“州十有二师”及“咸建五长”，则大约又是《虞书·益稷》作者所创造的禹的新制了。

不但禹治水的情形传说分歧无定，就是禹时水患和治水的年数，说法也不一律，如：

禹七年水。（《墨子·七

患》引夏书）

故禹十年水。（《荀子·富国》）

禹之时，十年九潦。（《庄子·秋水》。案：贾谊《新书》云：“禹有十年之蓄，故免九年之水。”）

禹五年水。（《管子·山权数》）

禹时水患的年数，有七年、十年、九年、五年四说。

禹八年于外，三遇其门而不入。（《孟子·滕文公·上》）

禹……居外十三年，过家门

不敢入。（《史记·夏本纪》。案：禹贡兖州“作十有三载，乃同”。《河渠书》引《夏书》：“禹抑洪水十三年。”）

禹……疏河决江，十年不窥其家。（《山海经注》等引《尸子》）

禹治水的年数，又有八年、十三年、十年三说。

像这类纷纷之说，既无确定的证据，也只能存而不论了。

四　鲧、禹的来源在何处

鲧、禹的传说虽然遍布于周代的全天下，但是那时的中国民族并不止一种，凡特殊的神话是都有民族种姓做它的背景的，杂处的各民族所共戴的伟人，往往是由一个民族的神话人物所放大。那么鲧、禹的传说是以哪种民族做它的背景的呢？据我们最近的探究，鲧、禹的传说大概是起于西方的戎族。

原来当春秋的时候，现在河南省的嵩山以西有一种戎族居住着，他们叫做“九州之戎”。这个“九州”并不是遍布全中国的“九州”，乃是中国西北部的一个大地名。它的区域大抵西从今陕、甘二省交界处起，北由陇山，南抵秦岭，出潼关，北暨殽、函，南及熊耳之东，东到今河南中部的嵩山为止。这个区域地势险峻，自古为戎族和诸夏的杂居地。（关于这个结论，欲知其详，请参看颉刚近著《九州之戎与戎禹》。又《州与岳的演变》，燕京大学《史学年报》第一卷第五期。）

九州之戎放大起来，实可以说是西方戎族的总名。西方戎族中以姜戎一族为最盛。姜戎姓姜，他们自称是四岳之后。在他们之中，有已经华化的，有仍停滞在戎的原始状态中的。华化的姜戎，便是齐、许、申、吕等国，其中尤以吕国为姜姓的大宗。《国语·周语下》说：

祚四岳国……赐姓曰“姜”，氏曰“有吕”……申、吕虽衰，齐、许犹在。

四岳的氏是“有吕”，这便是召为姜姓民族大宗的证据。吕国在西周时颇是强盛，铜器中有“吕王鬲”，足证他是称过王的。《国语·郑语》也说：

申、吕方强。

现在的《周书》中的《吕刑》便

是吕国的遗书（从傅孟真先生说）。这是一篇极重要的文献。它里面说：

王（吕王）曰：“若古有训：蚩尤惟始作乱，延及于平民，罔不寇贼，鸱义奸宄，夺攘矫虔。苗民弗用灵，制以刑，惟作五虐之刑曰‘法’，杀戮无辜；爰始淫为劓、刵、椓、黥，越兹丽刑并制，罔差有辞。民兴胥渐，泯泯棼棼，罔中于信，以覆诅盟。虐威庶戮，方告无辜于上，上帝监民，罔有馨香德，刑发闻惟腥。

皇帝哀矜庶戮之不辜，报虐以威，遏绝苗民，无世在下。乃命重黎，绝地天通，罔有降格。

皇帝清问下民，鳏寡有辞于苗：“群后之逮在下，明明棐常，鳏寡无盖（上三语移此，从《墨子》。）。德威惟畏（威），德明惟明。”乃命三后，恤功于民：伯夷降典，折民惟刑；禹平水土，主名山川；稷降播种，农殖嘉谷。三后成功，惟殷于民。

这篇吕王的演说词大意是说：太古的时候，有个叫蚩尤的开始作乱，引得平民（他的部下）个个做了盗贼。他们不怕上帝的威灵，制造刑法，杀戮无辜。被杀无辜的人到上帝面前去诉苦，上帝大怒，降下了威严来，把苗民（蚩尤和他的部下）绝了种。又派个叫重黎（“重黎”当是一人，非二人，另有辨。）的隔绝了天地的通路，使神人不得往来。一面上帝又垂询下民的痛苦，鳏寡们报告了苗民的罪恶，并请上帝简派宣扬威德的群后。上帝答应了他们的请求，就派三后下凡来体恤下民：伯夷降下刑典，禹平定水土，稷播种嘉谷，使下民得到正当的管理，有住的地方，有吃的东西，所以三后成功，对于下民是很殷厚的！在这段苗民作乱的故事里，最可注意的是苗民和庶戮的对立：苗民是统治阶级，庶戮是被压迫阶级。结果上帝老官帮了庶戮，打倒苗民。这似是一个民族斗争的神话。大约所谓“庶戮”“下民”就是姜姓民族的祖先，他们不堪统治阶级苗民的压迫，起来反抗，得到胜利，于是产生了上帝“遏绝苗民”的神话。（三苗的疆域据钱宾四先生的考定，略与古九州的东部相当，这正是姜戎的区域。春秋时陆浑蛮氏的“蛮”即是“苗”，蛮也与姜戎杂处。又周武王伐殷，所率西戎八国中有羌和髳，“羌”即“姜”，“髳”即“苗”，也是证姜、苗二族的始终杂处。）结束这神话的人物是“三后”，他们在苗乱之后，“降典”的降典，“平水土”的平水土，“播种”的播种，当然都是姜姓民族的救主了。这“三后”都是何等样的人物呢？我们知道，伯夷是姜姓民族传说里的祖先。

《国语·郑语》说：

姜，伯夷之后也。

《海内经》也说：

伯夷父生西岳，西岳生先龙，先龙是始生氐羌。

“羌”即是“姜”（章太炎等说），西岳当是四岳之一，可见伯夷是姜姓民族的太祖了。稷是周人传说里的祖先，《诗·大雅·生民》说：

厥初生民，时维姜嫄……履帝武敏歆……载生载育，时维后稷。

《鲁颂·閟宫》也说：

赫赫姜嫄，其德不回，上帝是依……是生后稷。……奄有下土，缵禹之绪。后稷之孙，实惟大王。

稷也是姜姓民族的女子姜嫄踏了上帝的脚步而产生的。他继承禹的统绪，产生出一个周民族来。于此可见稷与姜姓民族和禹的关系了。其实禹也是姜姓民族传说中的宗神，关于这点，证据很多，如《史记·六国表》说：

禹兴于西羌。

《吴越春秋·越王无余外传》也说：

鲧娶于有莘氏之女……产高密（禹），家于西羌。

《后汉书·戴良传》也说：

大禹出西羌。

《新语·术事》并说：

大禹出西羌。

皇甫谧更说得明白：

> 孟子称“禹生石纽，西夷人也”。传曰“禹生自西羌”是也。（《史记·六国表集解》引）

禹兴于西羌，即是禹传说出于姜姓民族的铁证。因为禹兴于西羌，所以后来又有“戎禹”之称。《太平御览》八十二引《尚书纬·帝命验》说：

> 修纪……生姒戎文命禹。

注云：“姒，禹氏；禹生戎地，一名文命。”《潜夫论·五德志》也说：

> 修纪……生白帝文命戎禹。

禹与戎族有关的证据更见于六艺之文的《诗经》。《商颂·长发》说：

> 洪水芒芒，禹敷下土方，外大国是疆，幅陨既长，有娀方将，帝立子生商。

“禹敷下土”而“有娀方将”（“娀”即“戎”，如鬼方称“媿”，羌戎称“姜”之例。），可见戎族是因禹而兴的了。

又《荀子·大略》说：

> 禹学于西王国。（《韩诗外传》卷五文略同。《新序》等书亦有同样文字。）

杨注："或曰：'大禹生于西羌。西庄国，西羌之贤人也。'"禹生于西羌，家于西羌，学于西羌，称为"戎禹"，则禹为西方民族传说中的人物，岂不明甚！（《艺文类聚》六引《随巢子》说："禹产于琨石。""琨石"当是昆仑山之石，昆仑山也是西方的地名。）

禹与姜姓民族有关，尚有他证。如《国语·周语下》说：

> 伯禹念前之非度……共之从孙四岳佐之，高高下下，疏川导滞。

是禹平水土以姜姓民族的祖先四岳为辅佐，可见他们的关系了。再看《墨

子·非攻下》:

> 昔者，三苗大乱，天命殛之。……高阳乃命禹于玄宫，禹亲把天之瑞令，以征有苗。……苗师大乱，后乃遂几（几，微也。）。禹既已克三苗，焉历为山川，别物上下，乡制四极，而神民不违，天下乃静。

《墨子》中的“高阳”，就是天帝。（详下）三苗大乱，天帝命禹去征伐，把苗人征灭。禹克了三苗，就“历为山川，别物上下”，成就他的“地平天成”的大功。这大足以补充《吕刑》的记载，可见禹真是姜姓民族创世的恩主了。（《史记·殷本纪》引《汤诰》说："古禹、皋陶——皋陶即伯夷，我等别有考——久劳于外，其有功乎民，民乃有安。东为江，北为济，西为河，南为淮，四渎已修，万民乃有居。后稷降播，农殖百谷。三公咸有功于民，故后有立。昔蚩尤与其大夫作乱百姓，帝乃弗予。有状，先王言不可不勉！"案：此即《吕刑》之别本。在此文中，禹事更居重要的地位。）

禹与西方戎族有关，尚有一个铁证：我们知道西方戎族的大支叫做"九州之戎"，而禹与"九州"更有不可分解的关系。"禹定九州"，是谁都知道的传说，其实禹所定的"九州"就是由西方的"古九州"扩充而成的。（后来邹衍的“大九州”又由禹的“九州”扩充而成。）如《墨子·尚贤上》说：

> 禹举益于阴方之中，授之政，九州成。

案：九州之戎又阴戎（见《左传》），《左传》哀公四年说：“蛮子赤奔晋阴地……士蔑乃致九州之戎，将裂田以与蛮子而城之。……”《墨子》的“阴方”便是《左传》的“阴地”，“九州”也便是九州之戎的“九州”，这是一件很显明的事实！又据我们近来的研究，分布天下的“五岳”，实由姜姓民族的祖先“四岳”所演成（参看《九州之戎与戎禹》），则分布天下的“九州”，也由姜姓民族根据地的“九州”所演成，自是极可能的事了。不但禹的传说起于西方的戎族，就是鲧的传说也是如此。《海内经》说：

黄帝生骆明，骆明生悔马，白马是为鲧。

是鲧为黄帝之后。而《大荒北经》则说：

黄帝生苗龙，苗龙生融吾，融吾生弄明，弄明生白犬，白犬有牝牡，是为犬戎。

是犬戎也是黄帝之后。鲧与犬戎同出西

方传说中人物之黄帝。他们的父亲或为骆明，或为弄明，又像是一人。他们的本名上又各有一个“白”字，又同以兽类为名，则说他们出于一源，自近事实。《大荒北经》叙犬戎世系之后，又说道：

> 有赤兽，马状无首，名曰“戎宣王尸”。

鲧是一头“白马”，戎宣王尸也是“马状”，鲧被“殛死”，戎宣王尸也是“无首”；鲧尸化为黄熊，戎宣王尸也是一头赤兽。黄、赤色近（《汲冢琐语》又记晋平公梦见赤熊窥屏，即《左传》《国语》所记梦见鲧事，则鲧亦为赤色，与戎宣王同。），是鲧即戎宣王也颇可能。《大荒北经》又说：

有鲧攻程州之山。

“程州”或即“文王卒于毕郢”的“毕郢”；《周书》称“周王宅程”（《大匡解》）。史记正义引周书“程”作“郢”，可证。此说如然，则程州地在西方，或是古九州之一（又今河南洛阳有古程国，程州或在此，其地亦近戎区。）。鲧与九州戎族有关，此亦一证。又《中山经》说：

青要之山，实维帝之密都。北望河曲，是多驾鸟；南望墠堵，禹父之所化。

案：《水经·伊水注》："墠堵水，水上承陆浑县东墠堵……即《山海经》所谓'南望墠堵，禹父之所化'。"是鲧所化之处正在陆浑之戎区域之中。陆浑戎即九州戎的一支，见于《左传》。

又鲧为有崇伯，见《周语》（《路史注》引《连山易》也说："鲧封于崇。"）。崇山即嵩山，详王念孙《读书杂志》四之二。嵩山也近九州之戎的区域。至鲧即共工，共工为九州伯（鲧与九州的关系，无待详说），见《鲁语》《左传》；为姜姓民族之祖，见《周语》。又禹称"财富禹"，见《逸周书·世俘解》；都阳城，见古本

《竹书纪年》及《世本》（《汉书·地理志注》引）。孟子也称“禹避舜之子于阳城”（《万章》篇），《汉书·地理志》又称阳翟为夏禹国，阳城、阳翟并在嵩山附近。禹又即后土句龙，句龙为共工之子，姜姓之祖，能平九州。据上种种证据，鲧、禹传说出于九州之戎，殆无可疑了！（又禹治鸿水的传说中，以“凿龙门，辟伊阙”二事为最著，龙门、伊阙亦在古九州区域中。）

五　鲧禹与尧舜的关系是如何来的

在金文、《诗经》《周书》和《山海经》等书里提到鲧、禹，只把他们同上帝说在一起，而没有把他们同尧、舜发生关系过。尧、舜这两个人，在金文、《诗》《书》里甚至于不曾露过面，他们是怎样来的，我们不能详知。（近人钱玄同、郭沫若、杨宽正诸先生都以为尧、舜就是上帝，我们也相当的赞同。）但到了战国时代，尧、舜的传说已经大盛，于是那上帝部属的鲧、禹便也渐渐变成尧、舜的部属了。

最先将禹与尧、舜发生关系的书是《论语》。《泰伯》篇说：

> 子曰："巍巍乎舜、禹之有天下也而不与焉。"

《尧曰》篇说：

> 舜亦以命禹。

"不与"的"与"当解为"尧以天下与舜，舜以天下与禹"的"与"（旧解以"不与"为"不与求天下"，非是。）。《论语》这两章都是禅让传说下的产品，而禅让传说乃是墨子以后才盛行的（参看颉刚所著《禅让传说起于墨家考》），所以这两章必是墨子以后的文字。据近人的探究，《论语》这书到汉代才被编定（友人赵贞信先生持此说最坚，将有大部作品发表），里面有晚出的材料，自是可能。关于《尧曰》篇的尧曰章，崔述已经勇猛地怀疑过。据我们的考定，这章也是战国、秦、汉间的产品（说详《禅让传说起于墨家考》），所以"舜亦以命禹"一语决不是春秋时的孔子所能说的。至于《泰伯》篇末几章称道尧、舜、禹的，近世中外学者也常常加以怀疑，他们的见解也是不错的！据《孟子·滕文公》：

以天下与人易，为天下得人难。孔子曰："……君哉舜也，巍巍乎有天下而不与焉。"

所引孔子的话与《论语》同，而有舜无禹，可见这章文字在战国时的本相。

其实禹与尧、舜在墨家的原始传说里还不曾发生关系。《墨子·尚贤上》说：

古者尧举舜于服泽之阳，授之政，天下平；禹举益于阴方之中，授之政，九州成。

它提出了尧、舜和禹、益的关系，却不曾提出舜、禹的关系来。我们知道墨家是主张尚贤说和禅让说的，他们如知道了舜举禹的故事，焉有不提的道理？再看《论语·颜渊》说：

> 舜有天下，选于众，举皋陶，不仁者远矣。（案：这章也是墨家的话，但增入《论语》中似乎较早。）

可见舜所特举的人是皋陶，并不是禹。如当时已有舜举禹的传说，他们也决没有舍禹而言皋陶之理！《孟子》便说："尧以不得舜为己忧，舜以不得禹、皋陶为己忧。"在皋陶之上添出了禹了。

然则禹是谁举的呢？据墨家说是

天举的。《尚贤中》篇说：

> 然则天之所使能者谁也？曰，若昔者禹、稷、皋陶是也。何以知其然也？先王之书《吕刑》道之曰“……”

可见早期的墨家还承袭着《吕刑》上帝命三后的传说。

天怎样的举禹呢？墨家说：

> 昔者，三苗大乱，天命殛之。……高阳乃命禹于玄宫，禹亲把天之瑞令，以征有苗。……禹既已克三苗，焉历为山川，别物上下，乡制四极，而神民不违，

天下乃静。（《非攻·下》）

昔三苗大乱，天命殛之。天命夏禹于玄宫……四方归之。禹乃克三苗，而神民不违，辟土以王。（《太平御览》等书引《随巢子》）

两文互勘，知道是天帝命禹去征伐有苗。禹打平了三苗，就平治水土，自立为天子了。这是禹的受命说，也是渊源于《吕刑》的。

因为禹征有苗是奉的天帝的命，而不是奉的尧、舜的命，所以他的誓师词是这样：

禹曰："济济有众，咸听朕

言：非惟小子敢行称乱，蠢兹有苗，用天之罚。若予既率尔群封诸君以征有苗。”（《兼爱·下》引《禹誓》）

看他这样的独断独行，称天而治，与汤、武伐桀、纣的口气完全一样，哪里有一毫人臣的气息？

因为禹的有天下也是受的上帝的命，而不是受的舜的禅让，所以墨家又说：

昔者禹征有苗，汤伐桀，武王伐纣，此皆立为圣王。（《非攻·下》）

可见禹是“征有苗”而“立为圣王”的，与汤伐桀而有天下，武王伐纣而有天下的程序一模一样。因之他们又说：

> 昔者三代之圣王禹、汤、文、武，百里之诸侯也，说忠行义取天下。（《鲁问》篇）

禹和汤、文、武一样都是以“百里诸侯”起家而取天下的。

尧、舜相代与舜、禹相代的程序不同，就是汉人的书里也有明证的。《大戴礼记·少闲》说：

> 昔虞舜以天德嗣尧。……舜

> 崩，有禹代兴；禹卒受命，乃迁邑姚姓于陈。……禹崩，十有七世，乃有末孙桀即位。桀不率先王之明德……乃有商履代兴……成汤卒受天命……乃迁姒姓于杞。……

我们看：舜是嗣尧的，禹是在舜崩后代舜而兴的，两者的措辞不同。禹迁姚姓于陈，汤迁姒姓于杞，舜却不曾迁尧后于什么地方。可见禹的代舜与汤的代夏略同，和舜的继尧的程序不合。这正与墨家的话相应。（本篇上文又说："昔尧取人以状，舜取人以色，禹取人以言，汤取人以声，文王取人以度，此四代五王之取人以治天下如此。"以尧、舜、禹、汤、文王为四代五王，可见《少闲》篇的作者乃以尧、舜为一代，而以禹、汤、文王分属三代，此亦可证舜之继尧与禹之代舜不同。）《孔子三朝记》（《少闲》篇是《孔子三朝记》中的一篇）中多有墨家的话，陈澧《东塾读书记》已论之，此亦一证。《孔子三朝记》的另一篇《诰志》也说：

> 文王治以俟时，汤治以伐乱，禹治以移众，众服以立天下。尧贵以乐治，时举舜；舜治以德，使力在国。

这里也提到尧举舜，而不曾提舜举禹的事。禹乃是因“众服”而“立天下”

的。——这也正与墨家的话相应。

舜、禹不曾发生直接的关系，这实在是较早的观念，试看儒家记载古史的书《国语》也是这样说：

> 伯禹念前之非度，厘改制量，象物天地。……帅象禹之功，度之于轨仪，莫非嘉绩，克厌帝心。皇天嘉之，祚以天下，赐姓曰“姒”，氏曰“有夏”，谓其能以嘉祉殷富生物也。（《周语·下》）

它也以伯禹的为天子是因为他的功“克厌帝（上帝）心”，所以“皇天嘉之”，便“祚以天下”了。可见禹确不曾受舜的禅。这也正与墨家和《吕刑》的话相应。《周语下》文又说：

> 王……无亦鉴于黎、苗之王，下及夏、商之季。

可见黎、苗之王与夏、商之季君是同等的人物。汤、武伐夏、商而有天下，禹征有苗而有天下，三代的开创正是先后一律的！

今本《墨子》里固然也说：

> 昔者尧有舜，舜有禹，禹有皋陶。……

把舜、禹和禹、皋陶发生了君臣

的关系，与后代的话相近。但这话只见于《尚贤下》篇，《墨子》中凡有上中下篇的文字，中下篇都较上中篇为晚出，下篇的文字常较中篇为详，中篇的文字又常较上篇为详（偶有中下篇较上中篇文字简略的，乃由于脱文缺简之故。），其附益的痕迹显然，这点前人已有说过的了。何况这篇的下文又说：

> 日月之所照，舟车之所及，雨露之所渐，粒食之所养，得此莫不劝誉。

这类话正和秦始皇帝琅邪刻石、《大戴礼记·五帝德》《小戴礼记·中庸》篇等语句一律，自出秦后了！（今本《今文虞书》也是很晚出的书，但里面还只有禹为舜臣的传说，而没有舜、禹禅让的故事，可见舜、禹的关系确是逐渐添加成的。）

在墨家的原始传说里，非但禹与尧、舜不曾发生关系，就是鲧与尧、舜也是风马牛不相及的。《墨子·尚贤中》说：

> 昔者伯鲧，帝之元子，废帝之德庸，既乃刑之于羽之郊，乃热照无有及也，帝亦不爱。

这里的"帝"也是上帝。据《世本》《帝系》等书，鲧是颛项的儿子。颛项号"高阳"，而高阳在《墨子》中正是天帝（见上），鲧是天帝的儿子，废天帝的德庸，被天帝所刑，他与尧、舜有什么关系？（友人杨宽正先生以为颛顼即尧，我们也相当的赞同，此处所云，不可拘泥文字看。）

鲧、禹、与尧、舜的发生交涉是由于尚贤说和禅让说的发展。尚贤说和禅让说本是墨家因要适合时势而提出的，并不是古代固有的思想和事实。但墨家虽主张尚贤禅让，他们却只知道有尧、舜禅让说，并不知道另有舜、禹禅让的故事。等到禅让说流传既久，人们觉得单是尧、舜禅让还不足资鼓吹，非使舜、禹也发生传位的关系，不见古先圣王的心心相传，于是舜、禹禅让说便又应运而起了。

孟子是战国中晚期的儒家大师，他深得墨家的三昧，善于创造古史。恰巧他有一个学生叫做万章，偏偏专会怀疑古史，他常常想出了难题去窘难他的老师。有一次他又问他的老师道：

> 人有言：至于禹而德衰，不传于贤而传于子，有诸？

因为汤、武征诛说阻住了禅让说的发展，逼得禹不能传贤非传于子不可，于是人们起了“禹德衰”的怀疑。万章拿这个去质问孟子，确是一个难题，只因在儒家的观念中，尧、舜、禹的道德是均等的，怎能使圣王的禹有“德衰”的嫌疑呢？这非解释不可。幸亏孟子有本领，他立刻辩护道：

否，不然也！天与贤则与贤，天与子则与子。昔者舜荐禹于天，十有七年，舜崩，三年之丧毕，禹避舜之子于阳城，天下之民从之，若尧崩之后，不从尧之子而从舜也。禹荐益于天，七年，禹崩，三年之丧毕，益避禹之子于箕山之阴，朝觐讼狱者不之益而之启，曰："吾君之子也。"讴歌者不讴歌益而讴歌启，曰："吾君之子也。"丹朱之不肖，舜之子亦不肖。舜之相尧，禹之相舜也，历年多，施泽于民久。启贤，能敬承继禹之

> 道。益之相禹也，历年少，施泽于民未久。舜、禹、益相去久远，其子之贤不肖，皆天也，非人之所能为也。……匹夫而有天下者，德必若舜、禹，而又有天子荐之者。……孔子曰："唐、虞禅，夏后、殷、周继，其义一也。"（《万章》篇）

"传贤"和"传子"满是天意，不是人力所能改变的。只因舜相尧，禹相舜的年岁长，对于百姓的关系深，而益相禹的年岁短，对于百姓的关系也浅，加之尧、舜的儿子都不肖，不足继承天下，而禹的儿子偏偏贤能，足以继禹，所以舜、禹能受尧、舜的禅让，而益没分受禹的天下。这个回答是何等的巧妙！在这段话里就出现了“舜荐禹于天”和“禹避舜之子”等故事，于是以“百里诸侯”起家，受天命征有苗而有天下的禹也就轻轻地改成了匹夫受天子的荐而有天下的禹了。（《战国策》等书也说，“禹无百人之聚以王诸侯”，禹非但失却了百里的根据地，便连“百人之聚”的实力也不许他有了。）

自从禹与舜发生关系，于是鲧也就与舜打起交道来。《国语·晋语五》说：

舜之刑也殛鲧，其举也兴禹。（《左传》僖公三十三年文同，“刑”作“罪”。）

舜刑了有罪的鲧，却举了鲧的贤能的儿子禹，这是何等的大公无私。（舜殛鲧兴禹，又见于《孟子》《尧典》等书。）但是就在《国语》和《左传》的本书里又有异说：

> 其在有虞，有崇伯鲧播其淫心，称遂共工之过，尧用殛之于羽山。（《周语·下》）
>
> 昔尧殛鲧于羽山。（《左传》昭公七年）

它们又说鲧是尧殛的（尧殛鲧用禹，又见于《吕氏春秋》等书。）。鲧一个人如何会被尧、舜两人所殛呢？太史公又替他们圆谎道：

驩兜进言共工……共工果淫辟。四岳举鲧治鸿水……试之而无功。……三苗在江、淮、荆州数为乱，于是舜归而言于帝（尧），请流共工于幽陵，以变北狄；放驩兜于崇山，以变南蛮；迁三苗于三危，以变西戎；殛鲧于羽山，以变东夷。四罪而天下咸服。（《史记·五帝本纪》）

原来“四凶”都是舜言于尧而放殛的，这就调和了乖异的传说，汉人的整齐古史的本领巧妙如此！

《荀子·成相》说：

尧、舜尚贤身辞让。……舜授禹，以天下，尚得（德）推贤不失序，外不避仇，内不阿亲，贤者予。禹劳心力尧有德，干戈不用三苗服。

“外不避仇”便是指的殛鲧而兴禹，“内不阿亲”便是指的舜不传天下于商均而传禹。在这里禹又变成尧臣，“殛三苗”变成了“三苗服”，“征有苗”也变成了“干戈不用”了。（《吕氏春秋》等书均记舜格三苗的故事，《孟子》《尧典》等书又记“舜窜三苗”，《战国策》等书又记“舜伐三苗”。到了伪《大禹谟》出世，“禹征有苗”的故事竟由一举成功而变成暂时失败了。）

自从有了舜、禹禅让说，立刻便风靡一世，如《庄子》《吕氏春秋》《韩非子》《战国策》等书均称道舜、禹禅让不绝。但《韩非子》中又有一种异说：

> 舜逼尧，禹逼舜，汤放桀，武王伐纣，此四王者，人臣弑其君者也，而天下誉之。（《说疑》篇）

禹曾“逼舜”“弑君”，又是一个新发现。这与《汲冢古文》等书所记“舜放尧”“囚尧”“禹黜舜”等说，都是出于禅让说的反应。

最后，还有一事，应得附带讨论，便是洪水和治水的传说与尧、舜的发生关系。尧、舜传说最初的出现与洪水和治水的故事了无关涉，如《墨子》《论语》等书所记，尧、舜只有“尚贤”一事最见称道，因尧、舜传说本是以禅让故事为其核心的，与鲧、禹传说本以洪水和治水的故事为其核心一般，两者间原不相涉，故《墨子》引《夏书》道：

禹七年水。（《七患》篇）

可见洪水原是禹为天子后的事，与尧、舜无关。墨家又说：

古者禹治天下，西为西河、渔窦，以泄渠、孙、皇之水……此言禹之事，吾今行兼矣。（《兼爱·中》）

可见治水也原是“禹治天下”时的事，也与尧、舜无关。墨家又记禹克了三苗之后，“焉历为山川，别物上下，乡制四极，而神民不违，天下乃静”（《非攻·下》）。“历为山川”等语，便是指治水的事，可见这等事确是发生于禹有天下之后的。

洪水和治水的事发生于禹为天子以后，还有许多记载可作旁证，如：

故禹十年水。（《荀子·富

国》）

禹立，勤劳天下……通大川，决壅塞。（《吕氏春秋·古乐》）

禹之王天下也，身执耒臿以为民先。（《韩非子·五蠹》）

禹之时，十年九潦。（《庄子·秋水》）

禹五年水。（《管子·山权数》）

夏人之王……疏三江，凿五湖。（同上《轻重戊》篇）

禹之时天下大雨。……禹遭洪水之患，陂塘之事，故朝死而暮葬。（《淮南子·齐俗训》）

禹之时天下大水……故节财

薄葬闲服生焉。（同上《要略》篇）

这些话都与《墨子》书相证。此外如《禹贡》全篇详载禹治水的事，而不提尧、舜只字，末云，“禹锡玄圭，告厥成功”，也是说禹向天帝告成功，天帝赐给禹玄圭。即此可见洪水和治水的故事，尧、舜原本无分，只因鲧、禹与他们发生了关系，所以洪水等传说也便不得不与他们发生不可解的因缘了。

据上面的叙述，可得结论如下：

（一）鲧、禹颇有从天神变成伟人的可能。

（二）禹的神职是主领名山川的社神。

（三）鲧、禹治水传说的本相是填塞洪水，布放土地，造成山川，后来因战国时势的激荡，变成了筑堤、疏导和随山刊木等等。

（四）鲧、禹传说的来源地是西方九州之戎的区域。

（五）鲧、禹本都是独立的人物，因墨家的尚贤说和禅让说的媒介，才与尧、舜等人发生关系。

以上五条结论，除第四条外，仍与《古史辨》第一册颉刚所著各文的结论大致相合，这并不是我们故意护前，实在是在现存的材料之下，用考证的方法去整理，不能不得到这样的结果。

本章撰成以后，还有许多余剩的材料，因较为片段，没法写成专节，只得拣重要的补叙于下：

（一）禹娶涂山女生启的故事（涂山据钱宾四先生的意见，即古九州区域中的三涂山。）。《楚辞·天问》说：

> 禹之力献功，降省下土四方，焉得彼嵞山女而通之于台桑？闵妃匹合，厥身是继，胡为嗜不同味而快鼂饱？

这是说禹治水时得到了一位涂山女，在台桑的地方结成夫妇。《吕氏春秋·音初》也说：

> 禹行功，见涂山之女，禹未之遇而巡省南土。涂山氏之女乃令其妾候禹于涂山之阳。女乃作歌，歌曰："候人兮猗！"实始作为"南音"。周公及召公取风焉，以为《周南》《召南》。

禹因行功（治水）之便，去见涂山女，不曾"遇"着，便去巡省南土。涂山氏之女也很想"遇"禹，就派她的妾到涂山之阳去等候禹，并作歌以见意，想引诱了禹来。这首歌便是"南音"之始。"南音"又是《周南》《召南》的娘家。足见"《关雎》乐而不淫"，原来是涂山氏的遗德。《吴越春秋》记：

禹三十未娶，行到涂山，恐时之暮，失其度制，乃辞云：“吾娶也，必有应矣！”乃有白狐九尾造于禹。禹曰，“白者，吾之服也；其九尾者，王之证也。”涂山之歌曰：“绥绥白狐，九尾庬庬。我家嘉夷，来宾为王。成家成室，我造彼昌。天人之际，于兹则行，明矣哉！”禹因娶涂山，谓之女娇。（《越王无余外传》）

禹行到涂山，因年已长，心想娶妻，便有一头九尾白狐来到他的面前，禹认是自己的当王之征，就娶了一位涂山氏女为妻。这个故事当是东方民族的神话，考《山海经》载：

青丘国在其（朝阳）北，其狐四足九尾。一曰在朝阳北。（《海外东经》）

有青丘之国，有狐九尾。（《大荒东经》）

是九尾狐产生于东方的青丘国。案《吕氏春秋·求人》云："禹东至鸟谷青丘之乡。"则青丘确是东方的国。《逸周书·王会解》亦云："青丘狐九尾。"注："青丘，东海地名。"（《山海经·南山经》亦云："又东三百里，曰青丘之山，……有兽焉，其状如狐而九尾。"郭注："即九尾狐。"此青丘仍在东方也。）又案《诗·齐风·南山》云：

> 南山崔崔，雄狐绥绥。鲁道有荡，齐子由归。既曰归止，曷又怀止。

郑玄笺："雄狐行求匹耦于南山之上，形貌绥绥然。"这也可证男女匹合的事东方人常以狐兽作比。至于东方的神话怎会混入西方传说中人物禹的故事中呢？关于这点，我们以为是越祖杼的故事的传讹。考《海外东经》注引《汲郡竹书》云：

> 伯杼子征于东海及三寿，得

一狐九尾。

禹遇九尾白狐的故事既见于记载吴、越神话的书，越祖杼又有得九尾狐的传说，则我们的假定似还可以成立。《吴越春秋》记禹娶涂山女后又载：

取辛壬癸甲，禹行。十月，女娇生子启。启生不见父，昼夕呱呱啼泣。

案：《尚书·皋陶谟》称："（禹）娶于涂山，辛壬癸甲，启呱呱而泣，予（禹）弗子。"盖即《吴越春秋》所本。这个故事之详已不甚可知了。《逸周书·世俘解》载：

> 箭人奏《崇禹生开》，三终，王定。

“开”即是“启”，“崇禹生开”既成了乐名，定是古代的一件大故事。考《绎史》十二引《随巢子》载禹娶了涂山女之后，有一次，

> 治鸿水，通轘辕山，化为熊。涂山氏见之，惭而去，至嵩高山下，化为石。禹曰：“归我子！”石破北方而生启。

禹因治鸿水想打通轘辕山，摇身一变，化成了一头熊。不巧恰被他的太太涂山氏看见，她惭愧得赶快逃走，到了嵩高

山下，也摇身一变，化成了一块石头。禹追上去向她要儿子，石头忽然自己破裂了北方，从里面掉出一个启来，造就是所谓“启生于石”的故事。后来汉武帝行到嵩山，也曾亲眼看见夏后启母石。案《淮南子·修务训》称：

禹生于石。

注云：“禹母修己感石而生禹，折胸而出。”禹、启父子之生都与石发生关系，真也是一件奇巧的事。这大约本是社神的传说罢。（据近人考究，古以石为社？关于涂山女的故事，请参看《路史》里的《夏史》一章。）

（二）禹铸九鼎的故事。这件故

事始见于《史记·封禅书》记汉武帝得了宝鼎之后，有司议道：

> 闻昔泰帝兴神鼎一，一者壹统，天地万物所系终也。黄帝作宝鼎三，象天地人。禹收九牧之金，铸九鼎，皆尝亨鬺上帝鬼神。遭圣则兴。（《孝武本纪》文同）

泰帝造了一个鼎，黄帝造了三个，禹又铸了九个，他们三倍三倍地增加，但是禹铸九鼎的传说不见于先秦书。我们看《左传》，只知道九鼎是夏方有德时造的（宣公三年），没有作者的主名。看《墨子》文知道九鼎是启造的（《贵义》篇），则先秦时似无禹铸鼎之说。考《孟子·尽心》记：

> 高子曰："禹之声，尚文王之声。"孟子曰："何以言之？"曰："以追蠡。"曰："是奚足哉！城门之轨，两马之力与？"

赵岐注："禹时钟在者追蠡也。追，钟钮也。……蠡，欲绝之貌也。文王之钟不然，以禹为尚乐也。"据此，战国时有传说的禹的乐器存在。《管子·山权数》记：

> 禹五年水……禹以历山之金

铸币，而赎民之无檀卖子者。

据此，禹曾取历山的铜铸造货币。在先秦时的传说（虽然管子书时代或许更晚），禹有钟有币，就是没有鼎。

此外如尧、舜、禹的道统说，以及禹的“节用”“薄葬”等等美德，都出于儒、墨等学派的宣传。儒、墨们怎样，禹也便怎样。这类传说既多且碎，一时不胜考据，我们只得留俟研究儒、墨等学说时再讨论了。

又本书所述鲧、禹的传说，大致都是《史记》以前的材料，除随文提及者外，其余晚出的材料都归伪《古文尚书里》的《夏史》及《路史》里的《夏史》等章中讨论之。

出版说明

“新编历史小丛书”承自上世纪60年代吴晗策划的“中国历史小丛书”，其中不少名家名作是已经垂之经典的作品，一些措辞亦有写作伊初的时代特征。为了保持其原有版本风貌，再版过程中不做现代汉语的规范化统一。读者阅读时亦可从中体会到语言变化的规律。

新编历史小丛书编委会

图书在版编目（CIP）数据

鲧禹的传说 / 童书业著. — 北京：北京人民出版社，2019.5

（新编历史小丛书）

ISBN 978-7-5300-0409-8

Ⅰ. ①鲧… Ⅱ. ①童… Ⅲ. ①鲧—传记 ②禹—传记 Ⅳ. ①K827=1

中国版本图书馆 CIP 数据核字（2019）第 050744 号

责任编辑　高立志　严　艳
责任印制　陈冬梅

新编历史小丛书

鲧禹的传说

GUN YU DE CHUANSHUO

童书业 著

出　　版　北京出版集团公司
　　　　　北京人民出版社
地　　址　北京北三环中路 6 号
邮　　编　100120
网　　址　www.bph.com.cn
总 发 行　北京出版集团公司
印　　刷　北京汇瑞嘉合文化发展有限公司
经　　销　新华书店
开　　本　880 毫米 ×1230 毫米　1/32
印　　张　5
字　　数　40 千字
版　　次　2019 年 5 月第 1 版
印　　次　2021 年 6 月第 4 次印刷
书　　号　ISBN 978-7-5300-0409-8
定　　价　24.80 元